Gonzalo de Quesada

Los chinos en la independencia de Cuba

Barcelona 2024
Linkgua-ediciones.com

Créditos

Título original: Los chinos en la independencia de Cuba.

Traducción: Adolfo G. Castellanos del Folleto de Gonzalo de Quesada publicado en Leipzig.

© 2024, Red ediciones S. L.

e-mail: info@linkgua-ediciones.comm

Diseño de cubierta: Michel Mallard.

ISBN rústica: 978-84-9007-811-2.
ISBN ebook: 978-84-9007-509-8.

Sumario

Brevísima presentación

La vida

Gonzalo de Quesada (15 de diciembre de 1868-9 de enero de 1915). Cuba.

Pasó su niñez y adolescencia en los Estados Unidos de América, y fundó el Partido Revolucionario Cubano (PRC) en Tampa y Cayo Hueso junto a José Martí, quien lo nombró secretario de la Delegación del Partido.

El 5 de enero de 1897 fue nombrado encargado de negocios de la República cubana en armas, en Estados Unidos. El 13 de marzo de 1899, la Asamblea de Representantes de la Revolución Cubana lo destituyó por viajar a Cuba sin el consentimiento de esta, para acompañar a un emisario de los Estados Unidos que iba a entrevistarse con el mayor general Máximo Gómez.

El 15 de septiembre de 1900 Quesada fue electo representante de la provincia de Pinar del Río en la Asamblea Constituyente, donde defendió la conveniencia de aprobar la Enmienda Platt. Ese territorio también lo eligió representante a la Cámara, a la cual renunció en junio de 1902 para ocupar el cargo de embajador en Estados Unidos. Allí gestionó el Tratado de Reciprocidad Comercial entre ambos países, que entró en vigor el 27 de diciembre de 1903.

Quesada fue el albacea literario de José Martí y tras muerte de este recopiló sus textos escritos para varias revistas y periódicos. Asimismo representó a Cuba en varios eventos internacionales de importancia. Murió en 1915, siendo embajador de Cuba en Alemania.

Los chinos en la independencia de Cuba

¡Nadie ha relatado en prosa ni cantado en poesía, las hazañas de los hijos del Celeste Imperio en las épicas guerras de Cuba; nadie ha rememorado a aquellos que pelearon con bravuras en los campos de batalla, que contribuyeron con su labor en los talleres para mejorar la condición del soldado, que, sufrieron hambre y privaciones en esas guerras, que cuando hechos prisioneros perecían con estoicismo; nadie ha tenido para la memoria de aquellos que derramaron su sangre, generosa y anónima sin ambición de gloria o de miras personales, flores de gratitud! Nosotros empero, los glorificaremos, nosotros que somos amantes de la nobleza del hombre, que no desdeñamos al humilde, que rendimos culto a la virtud. La avaricia, la tortura, la desesperación, exterminaron los mansos y generosos Indios Cubanos; la hoguera fanática que consumió al valiente Macorijes, al heroico Hatuey, fue el toque a muerte de la raza en «la más bella tierra que ojos humanos han visto»; pero las llamas no purificaron las almas de los ejecutores, ni les hicieron desistir de su tráfico humano, ni extinguieron el espíritu noble y rebelde de la tierra cubana.

El primer esclavo había desaparecido y era necesario sustituirlo con otro esclavo. Las costas de África sirvieron de mina, de la cual se extraían los muchos brazos necesarios para arrancar de este suelo sus inapreciables riquezas; para producir tantos «sacos de carbón», indispensables para trabajar las maquinarias de los ingenios.

Los barcos negreros venían abarrotados de presas; y la «mercancía» mala se echaba al mar para que no estorbara ni infectara el resto de la carga. «La tempestad agitaba los repletos barracones», el látigo, los hierros, la soga y el palo comenzaron de nuevo a imperar, más funestos, más lúgubres porque el número de víctimas era mayor. Pero ¡qué suerte!

¡esta gente no era delicada como los indios: eran negros fornidos, su piel más dura, sus músculos resistían más! ¿A qué temer la falta de brazos en el porvenir? No importaba que para lograr en la menor cantidad de tiempo la mayor suma de trabajo, estos esclavos muriesen como consecuencia... ¡El depósito inagotable estaba muy próximo!

El Buen Padre las Casas fue impotente para mejorar la suerte de los parias del Nuevo Mundo, sus armas fueron el ejemplo virtuoso, súplicas, oraciones. ¡La tenaz propaganda de Wilberforce, Channing y sus colaboradores, descendientes de John Hawkins, destruyeron para gloria del siglo, el inicuo tráfico; sus armas, distintas de las del cura modelo no fueron las de persuasión, sino las de fuerza: los cruceros y los cañones de Inglaterra!

Cuando el traficante de hombres no pudo eludir la vigilancia inglesa; cuando vio que África no podía suministrarle más «mercancías», impelido, no tanto por la falta de braceros cuanto por su insaciable avaricia, buscó nuevas vetas de esclavitud que explotar. Fue la falta de la Madre Patria que prohibía la emigración de españoles a Cuba. Así, por este medio la colonia degradada se mantendría por más tiempo bajo la tutela Tiránica de allende los mares y ninguna generación de criollos, nacidos de padres españoles, intentaría redimirla de las garras de la tierra opresora. La raza negra necesitaba refuerzo: ¡la esclavitud china!

Los gobernadores, según costumbre, se enriquecían en pocos años; los barcos mantenían sus ocupaciones; las bayonetas y cañones estaban ahí, como antaño, para reprimir cualquier perturbación.

Los rifles no tendrían tiempo para oxidarse. En vez de cuentas multicolores, un poco de oro engolosinaría a estos infelices chinos; los hombres de experiencia no estarían sin destino y los capitanes de conciencias empedernidas tendrían «mercancía» que transportar. No se conmoverían al ver a los desventurados lanzarse al mar, convencidos de que las fabulosas promesas eran todas un mito. Estas almas bajas y corrompidas podían muy bien contemplar, sin horror, los cientos de cadáveres hinchados, arrancados de sus refugios de Manila; sus vidriantes pupilas fijas en los corazones insensibles —sedientos de oro— de sus asesinos. ¿Y por qué mortificarse la conciencia, si ellos progresaban tanto cuanto la obra de la humanidad...?

Es cierto que desde junio de 1847, cuando el primer cargamento desembarcó procedente de Ogneredo hasta 1859, de 50.123 chinos que salieron de su país, 7.622 habían perecido en tránsito; pero este 15 % ¿no era menor que la proporción en su humanitaria obra en África, donde el promedio entre los que resistían el viaje y la vida en Cuba y los abandonaban el Continente africano era uno de tres? Aún mayor era el adelanto cuando se comparaba su empresa en la «salvación religiosa» de los indios, porque la historia nos cuenta que cincuenta años después de la conquista nadie adoraba en Cuba alrededor de sus ceibas, los Semíes. Bien es cierto que no había indios que venerasen la imagen de la Virgen o pidiesen misericordia a Cristo Redentor. No había indios en Cuba. ¡De cien, cien murieron!

La Corporación de La Habana hizo pingües utilidades mayores que cuando la trata de negros; ¡aún en esto hubo proceso! Todas las banderas servían los intereses que «promotearon la riqueza agricultural»; las agencias de Macao y de Manila tenían innumerables sucursales; 50 pesos por cabeza era el precio que se pagaba libre a bordo.

A medida que el chino se alejaba de su tierra natal, era tratado más como un esclavo que como un hombre libre. No les dejaban morir de hambre, porque no cuadraba a caballeros cristianos violar los mandamientos: «No matarás»;

consideraciones tales como la menor cantidad de mercancía, menos cantidad de utilidad, no entraba en sus cálculos. El chino era cuidadoso de su ropa y para que no se le echara a perder, no se le permitía usarla en el viaje; por consiguiente, al desembarcar, después de afeitarlo la cabeza y hacerle bañar se le hacía vestir un traje de algodón fuerte. ¿Quién osaría, decir que no estaba limpio y contento? La vista de Cuba, traía un rayo de esperanza a su redonda faz; a pesar de su melancolía oriental, sus ojos de almendra brillaban; el chino pensaba quizás que al desembarcar encontraría mucho de ese oro que le había sido mostrado, y que en Cuba tan bella, él comenzaría una mejor vida, reconquistaría la libertad perdida. ¡Pobre chino! Tú no sabías que los barracones, esas hórridas cavernas de madera donde los negros habían sido hacinados, se levantaban aún sombrías en medio de la bárbara civilización colonial. Los mismos agricultores irían allí a proveerse, después que los hombres hubiesen sido examinados por el médico con objeto de saber si gozaban de buena salud. Inmediatamente se firmaba el contrato en los idiomas chino y castellano y en él se estipulaba que el chino se sometía a un castigo no mayor de determinado número de azotes al año. El chino no estaba familiarizado con la aritmética del inspector, que siempre pecaba por error a su favor en la distribución de estos azotes. Se le llevaba después a las colonias a trabajar lo mismo que un negro esclavo, catorce horas diarias, durante ocho años, sufriendo hambre, debilitándose su cuerpo bajo las fatales condiciones higiénicas, sin alimentación suficiente ni cuidado, a morir un 75 % antes de que expirara el contrato.

A bordo, cuando pretendían obtener su libertad, los rifles barrían la cubierta y la resuelta tripulación, armada hasta los dientes, aplastaba a los amotinados, matándolos sin piedad; después, bien custodiados y vigilados, eran conducidos a las haciendas de los compradores y una vez allí, ¿qué objeto tenían el látigo, el machete, los hierros, el rifle...?

En su desesperación, se colgaban de los árboles, vistiendo sus mejores ropas; se lanzaban a los pozos, a los ríos, el suicidio ponía fin al martirio. Posteriormente resolvieron vender caras sus vidas y comenzaron los levantamientos. Con sus implementos de labranzas mataban a sus inspectores. ¡Desdichados! Al desembarcar no habían visto las bayonetas, los uniformados soldados dedicados a mantener la «paz pública y la tranquilidad», o lo que era igual para aquel gobierno, aplastar la libertad en cualesquiera de sus manifestaciones. Por la paz pública y la tranquilidad murió Aponte. El garrote se levantó para sofocar el «Juramento» del inmortal poeta de Matanzas, para reprimir los movimientos sediciosos de los chinos súbitos y justos impulsos de dignidad. El garrote tuvo sus víctimas blancas también; el gobierno tiránico creía que el dogal de hierro estrangularía las aspiraciones de libertad de la tierra cubana de nuestros abuelos.

El destierro, las amenazas, las prisiones, no podían destruir lo que estaba palpitante en los corazones y el 10 de octubre de 1868, en los campos memorables de Yara, los esclavos blancos enarbolaron las banderas de la equidad y la fraternidad, bajo cuyos pliegues se albergarían todos los esclavos de todas las razas que aspirasen a la libertad. Los chinos no dejaron de comprender que esta bandera significaba vindicación: su inteligencia les hizo comprender que significaba libertad y sus corazones lacerados dieron pronta respuesta a su interrogación: «Debéis ir con aquellos que buscan el arrancarte de la condición de esclavo y elevarte a la de hombre digno».

Espontáneamente engrosaron las filas insurgentes y después entraban sigilosos en los pueblos para reclutar paisanos, sin que fuera dable que las autoridades les reconocieran, debido a la dificultad de distinguir un chino de otro. Cuando las fuerzas cubanas obtuvieron el levantamiento en armas de los braceros de caña, los oficiales chinos explicaban a sus paisanos las razones de la guerra y llenos de entusiasmo juraban servir la bandera de la República. Los años de servidumbre enervante, no habían logrado destruir las fibras de nobleza en sus almas. Peleaban contra la bandera que los había esclavizado; eran compañeros en la necesidad de aquellos que como ellos habían sufrido el yugo colonial.

Había pocos en la parte oriental de Cuba; pero casi todos engrosaron las filas insurrectas, entre ellos uno que se distinguió como médico auxiliar por su abnegación, como ayudante del honorable y digno general Modesto Díaz, el chino Laborío, de quien se expresa en estos términos uno de nuestros ex-presidentes: «Ese chino era un modelo de patriotismo y de lealtad». En el combate entre las tropas del Tigre de Zarragoitia, Valmaseda y los patriotas, próximo a Cauto Embarcadero, los chinos dieron pruebas de valor e hicieron gala de heroísmo en el ataque al machete.

En el Ejército de Cienfuegos pelearon muy bien, mandados por oficiales chinos que alcanzaron hasta el grado de comandante, formando parte de la Brigada del sur, bajo el mando del coronel Lope Recio. Tomaron parte en todos los encuentros en este territorio; cuando el general Jordán dio su famosa batalla en Minas de Tuna o Guáimaro, los chinos defendieron el ala izquierda. Y cuando los españoles intentaron un hábil flanqueo tratando de forzar la posición aprovechándose de que el campo estaba abierto por ese lugar, los chinos fueron autorizados, después de pedirlo insistentemente por conducto del jefe Agüero, a avanzar contra el enemigo, luchando cuerpo a cuerpo contra las tropas más veteranas y aguerridas de España; y lograron hacerlas retroceder rompiéndoles los cráneos con las culatas de sus rifles. En Jimaguayú después de la caída del inmortal Agramonte cargaron a los soldados españoles en soberbia línea de batalla. ¡Qué bien cumplieron con el general!

Algunos días antes el comandante Hernández, que era su primer jefe, descontento por alguna insubordinación que había reprimido con puño de hierro, exclamó en un gesto de indignación: «Estoy cansado de estos chinos», y se dirigió al general para que lo trasladara a otro cuerpo. Agramonte sabía la razón por lo cual Hernández venía a verle y estaba convencido de que esa era una nube pasajera; que Hernández era el que mejor entendía a los chinos, porque lo amaban con cuasi infantil afecto y Hernández también les quería bien. Cuando el comandante, atleta de hermosa barba, entró al cuartel del general, éste le recibió con caluroso afecto y, antes que pudiera hablar, le dijo: «¡Qué orgulloso debe estar usted de su batallón! ¡Con qué bravura pelearon en el último combate, y todo se debe a usted, a vuestra energía, a vuestro tacto y al respeto que le tienen!» El comandante bajó sus ojos azules; no tuvo valor de acusar a los que eran objeto de justas alabanzas por parte de quien era parco en tributarlas. Cuando abandonó el campamento del general, lleno de orgullo, exclamó: «Hasta yo me siento chino».

En la batalla de «Las Guásimas» estuvieron en la reserva hasta el cuarto día, en que pelearon constantemente protegiendo la retirada. En las tomas de Nuevita y Santa Cruz, rindieron grandes servicios debido a su habilidad para obtener provisiones de boca y municiones. Pero fue en el Ejército de las Villas donde los chinos estaban en mayor número, donde se distinguieron individualmente. A este cuerpo pertenecieron chinos como Juan Díaz, el Apolo de ellos, casi blanco con largo y sedoso bigote y cara agradable y franca que hizo toda la guerra y el cual, al momento de morir en Remedios, después de proclamada la paz, lleno de ternura besó la bandera de la Estrella Solitaria; chinos como Pancho Moreno, que después de la captura de Mayajigua, cuando los españoles se parapetaron en una casa junto a la Plaza Pública fue uno de los más atrevidos sitiadores. Cargaba su escopeta con doble carga y día y noche desafiaba a los sitiados completamente solo: «Salgan española, vengan a pelear». Por espacio de tres días descargó su escopeta, sin descanso contra los baluartes enemigos sin temor a las balas que silbaban en torno de su desnudo cuerpo; chinos como el teniente Taneredo, que habían venido a Cuba a los diez años de edad y fue educado en Villa Clara; nunca se le vio mal trajeado, se aprovechaba de los momentos de descanso para educarse, siendo un excelente oficial y organizador: su amigo íntimo y su guía era el culto Eduardo Machado. Más de una vez bajo la sombra de un exuberante mango, el blondo representante por las Villas le dio lecciones al chino, al humilde teniente del Ejército. ¡Qué bello cuadro de fraternidad, la obra de la Revolución! En Rosa María fue hecho prisionero. El oficial español, al verlo exclamó con desprecio: «Este es un chino de Manila». Taneredo que estaba apoyado contra un árbol impotente para tenerse en pie debido a las heridas recibidas, al escuchar estas palabras se irguió y de su pecho, junto a su corazón, donde lo conservaba como un tesoro, y título de orgullo, sacó su diploma de oficial cubano, miró a su adversario frente a frente y con voz vibrante replicó: «Él no es un chino de Manila, no: él es un teniente del Ejército Libertador de Cuba...» ¡Mátame...!

Ese mismo día murió también, de resultas de heridas recibidas, uno que había conquistado el grado de comandante, medio oveja, medio león, el bravo chino Antonio Moreno.

Otro hombre notable fue Juan Anelay («El Lunático»). Las tropas de las Villas, en pos de municiones, fueron a Oriente donde las había abundantes debido al desembarco de varias expediciones. Había reconcentración de fuerzas, hallándose presente el Ejecutivo y la Cámara de Representantes. Esta gente de las Villas, habiendo terminado la misión que los llevara a la parte oriental de Cuba se dirigía a Camagüey. Los más elocuentes oradores de la Cámara habían pronunciado brillantes discursos sobre el patriotismo cubano, sobre la cordialidad entre los Cuerpos de Ejército, terminando en alabanzas para los soldados de las Villas. Estos no estaban satisfechos con las escasas municiones que les habían cedido los orientales y escogieron a Juan Anelay para que expusiera sus quejas. Apenas se había extinguido el eco de los aplausos con que fueron acogidos los inspirados oradores, cuando Anelay subió a la tribuna en medio de los vivas, resplandeciente a la viva luz solar, agitado por la injusticia de que eran objeto y en su lenguaje peculiar acompañado de gesticulaciones constantes dijo:

«Ciudadanos cubanos: Todos hablan muy bonito: Eso nada más. Tú dices nosotros vamos a Camagüey: tú nos da rifles, nos da cartuchos, tú nos da poca pólvora, tú nos da papel, nos da plomo para pobre gente de las Villas.

»Nosotros está en Oriente, nosotros pelea en Oriente, nuestro general muere aquí. Tú quiere nosotros va Camagüey a matar soldado. Los rifles, la gente, el Gobierno queda aquí comiendo boniatos, descansando en el monte; no pelea. Yo digo: con nosotros, todo el Gobierno, toda la gente marche a Camagüey; allí mucha comida; muchas vacas. Mata soldado en Camagüey; después siga las Villas con rifles, Gobierno República; entonces ¡Viva Cuba Libre!»

El Ejército escuchó en silencio, de labios chinos, la verdadera doctrina revolucionaria, el verdadero plan de la campaña. Cuando terminó fue en medio de aclamaciones y desbordante entusiasmo. Fue cargado en hombros por miles de brazos hermanos. Crueles manos fueron las que, en Santa

Teresa, cuando Anelay cayó prisionero, le amarraron mientras él se resistía como una fiera salvaje; manos crueles las que mataron en martirio horrible a golpes, sin que otras palabras brotaran de sus ensangrentados y espumeantes labios que «¡Viva Cuba Libre! ¡Viva Cuba Libre!».

No hubo soldado más fiel que el comandante Siam, el chino más viejo de la revolución. Viejo abandonó su tienda en las Villas para convertirse en incansable reclutador, el decano, el árbitro de su gente. Después de la Paz de Zanjón prosiguió su vida laboriosa; su casa era el albergue de sus compañeros de armas. En el siguiente intento revolucionario, los patriotas acamparon cerca de su finca después de un combate.

Necesitando provisiones, el jefe mandó a algunos de sus soldados que las obtuvieran de la vecindad. Siam regresaba del pueblo vecino, donde había visto las pérdidas sufridas por los españoles cuando se encontró con los insurrectos. Tan pronto como se enteró de lo que querían les dijo: «Vengan muchachos, vengan conmigo» y los llevó a su cabaña, recogió todo lo transportable y ordenó: «Marchemos ahora al campamento».

«Es demasiado tarde para que usted salga; es más de medianoche», observó uno de los insurrectos.

«Mi comandante, usted necesita descanso», replicó otro.

«Es muy peligroso andar por aquí, donde hay tanto soldado», añadió un tercero.

El viejo malhumorado, exclamó:

«¿Cuántas veces no he dormido teniendo por centinela esa misma Luna? ¿Creen ustedes que yo puedo descansar esta noche, sin ver a mis hermanos?

¿Qué puede ocurrir? ¿Qué me maten? Marchemos al campamento.»

Cómo abrazó a sus jefes, cómo las lágrimas le corrían por su enflaquecido y rugoso rostro, cuando exclamó:

«¡Ah mi general, si yo estuviera fuerte como usted!»

Casi sollozando dijo adiós a sus amigos y tomó de nuevo el camino de su finca a través del bosque apenas alumbrado por el resplandor de la Luna; su cabeza caída sobre su pecho, que agitado por su corazón parecía un mar en tormenta. Súbitamente llegó al claro del bosque y murmuró estas palabras:

¡Dios los bendiga!

Valiente hasta la temeridad fue el teniente Pío Cabrera. Era siempre el escogido para las empresas más difíciles. En las Nuevas de Jobosí fue uno de los oficiales que con sesenta hombres atacó al enemigo, que se había refugiado en una altura intrincada. Siempre peleó con denuedo y cuando la «Guerra Chiquita» estalló, Pío engrosó de nuevo las filas cubanas. Después del combate de Buenavista se le encomendó la retaguardia para proteger la retirada. El grueso de la fuerza estaba ya a salvo y sus compañeros le advirtieron que era tiempo de abandonar su posición: el enemigo se aproximaba, pronto sería imposible escapar.

«Los que deseen hacerlo pueden retirarse» —dijo el oficial chino. Él había combatido siempre cara al enemigo y no estaba dispuesto a dar la espalda ahora.

Las tropas españolas se aproximaban; en la carretera les espera un soldado, un chino, sin sombrero, rodilla en tierra, rifle al hombro. Cada vez que dispara, un enemigo cae. Encima tiene ya unos cincuenta soldados españoles; Pío inconmovible carga, apunta, dispara con regularidad matemática. Una bala le rompe la pierna y Pío, echado sobre el enrojecido y húmedo suelo, con la misma calma, con la misma seguridad mortífera, carga, apunta, dispara. Cada vez que se escucha la detonación de su arma, un uniforme más cae. Cesa de tirar. Sus enemigos se abalanzan sobre él; con un esfuerzo supremo, les lanza el arma a la cara —el rifle sin balas— ¡había diez incrustadas en el corazón del heroico chino!

Estas son algunas de las hazañas de los chinos en nuestra guerra de independencia, algunos de los títulos que los hacen dignos de nuestra admiración y gratitud.

Pero si todos los hechos que hemos relatado no hubiesen ocurrido; si miles de chinos no hubiesen contribuido a mantener la guerra, con su trabajo en los talleres que sorprendentemente surgieron en los bosques primitivos y rebeldes; si no hubiesen sido valientes y sufridos soldados y como hermanos en armas no hubiesen sido ejemplares por su compañerismo rayano en el sacrificio, si no hubiesen sabido morir como almas templadas para la gloria; aún sin estos méritos, estos nobles e ignorados campeones de nuestras épicas luchas, tendrían derecho a la inmortalidad y a nuestra veneración, por el hecho de que no hubo un chino en Cuba que no abrazara la causa de la Libertad y cuando en nuestra patria redimida se rinda recto homenaje al patriotismo y se erija un monumento a los que compartieron juntamente con los esclavos negros y esclavos blancos las victorias y los sinsabores de la Guerra de los Diez Años, a aquellos que ayudaron a consolidar con su sangre la fraternidad y la equidad en nuestra patria, cuando podamos levantar al chino un monumento digno, bastará grabar con caracteres indelebles en su pedestal estas palabras:

«No hubo ningún chino desertor; no hubo ningún chino traidor.»

Libros a la carta

A la carta es un servicio especializado para
empresas,
librerías,
bibliotecas,
editoriales
y centros de enseñanza;
y permite confeccionar libros que, por su formato y concepción, sirven a los propósitos más específicos de estas instituciones.

Las empresas nos encargan ediciones personalizadas para marketing editorial o para regalos institucionales. Y los interesados solicitan, a título personal, ediciones antiguas, o no disponibles en el mercado; y las acompañan con notas y comentarios críticos.

Las ediciones tienen como apoyo un libro de estilo con todo tipo de referencias sobre los criterios de tratamiento tipográfico aplicados a nuestros libros que puede ser consultado en Linkgua-ediciones.com.

Linkgua edita por encargo diferentes versiones de una misma obra con distintos tratamientos ortotipográficos (actualizaciones de carácter divulgativo de un clásico, o versiones estrictamente fieles a la edición original de referencia).

Este servicio de ediciones a la carta le permitirá, si usted se dedica a la enseñanza, tener una forma de hacer pública su interpretación de un texto y, sobre una versión digitalizada «base», usted podrá introducir interpretaciones del texto fuente. Es un tópico que los profesores denuncien en clase los desmanes de una edición, o vayan comentando errores de interpretación de un texto y esta es una solución útil a esa necesidad del mundo académico.

Asimismo publicamos de manera sistemática, en un mismo catálogo, tesis doctorales y actas de congresos académicos, que son distribuidas a través de nuestra Web.

El servicio de «Libros a la carta» funciona de dos formas.

1. Tenemos un fondo de libros digitalizados que usted puede personalizar en tiradas de al menos cinco ejemplares. Estas personalizaciones pueden ser de todo tipo: añadir notas de clase para uso de un grupo de estudiantes, introducir logos corporativos para uso con fines de marketing empresarial, etc. etc.

2. Buscamos libros descatalogados de otras editoriales y los reeditamos en tiradas cortas a petición de un cliente.

www.ingramcontent.com/pod-product-compliance
Lightning Source LLC
Chambersburg PA
CBHW051742040426

42447CB00008B/1270